РУССКИЕ НАРОДНЫЕ СКАЗКИ

для самых маленьких

Москва •РОСМЭН• 2008

УДК 82-1-93
ББК 84(2Рос=Рус)-5
    Р 82

Художники
А. и Н. Бальжак, В. Дуброва, И. Иванов, К. Комракова, И. Красовская,
В. Освер, С. Сачков, М. Федотова, П. Чекмарёв, И. Шарикова.

Наш адрес в Интернете: **www.rosman.ru**

ISBN 978-5-353-02559-7

РЕПКА

Посадил дед репку и говорит:

— Расти, расти, репка, сладка́! Расти, расти, репка, крепка́!

Выросла репка сладка́, крепка́, большая-пребольшая.

Пошёл дед репку рвать: тянет-потянет, вытянуть не может.

Позвал дед бабку.

Бабка за дедку,
Дедка за репку —

Тянут-потянут, вытянуть не могут.

Позвала бабка внучку.

Внучка за бабку,
Бабка за дедку,
Дедка за репку —

Тянут-потянут, вытянуть не могут.

Позвала внучка Жучку.

Жучка за внучку,
Внучка за бабку,
Бабка за дедку,
Дедка за репку —
Тянут-потянут, вытянуть не могут.
Позвала Жучка кошку.

Кошка за Жучку,
Жучка за внучку,
Внучка за бабку,
Бабка за дедку,
Дедка за репку —
Тянут-потянут, вытянуть не могут.
Позвала кошка мышку.

Мышка за кошку,
Кошка за Жучку,
Жучка за внучку,
Внучка за бабку,
Бабка за дедку,
Дедка за репку —
Тянут-потянут — и вытянули репку.

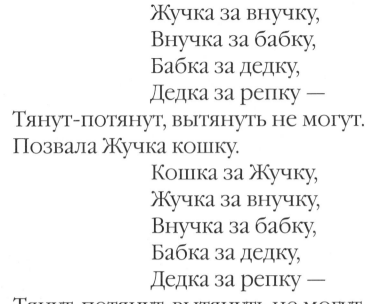

Колобок полежал-полежал, да вдруг и покатился — с окна на лавку, с лавки на пол, по полу да к дверям, перепрыгнул через порог в сени, из сеней на крыльцо, с крыльца — на двор, со двора за ворота, дальше и дальше.

Катится колобок по дороге, а навстречу ему заяц:

— Колобок, колобок! Я тебя съем.

— Не ешь меня, косой зайчик! Я тебе песенку спою, — сказал колобок и запел:

Я по коробу скребён,
По сусеку метён,
На сметане мешон,
Да в масле пряжон,
На окошке стужон;
Я от дедушки ушёл,
Я от бабушки ушёл,
От тебя, зайца,
       не хитро уйти!

И покатился себе дальше; только заяц его и видел!..
Катится колобок, а навстречу ему волк:

— Колобок, колобок! Я тебя съем.

— Не ешь меня, серый волк! Я тебе песенку спою!

Я по коробу скребён,
По сусеку метён,
На сметане мешон,
Да в масле пряжон,
На окошке стужон;
Я от дедушки ушёл,
Я от бабушки ушёл,
Я от зайца ушёл,
От тебя, волка, не хитро уйти!

И покатился себе дальше; только волк его и видел!..
Катится колобок, а навстречу ему медведь:
— Колобок, колобок! Я тебя съем.
— Где тебе, косолапому, съесть меня!

Я по коробу скребён,
По сусеку метён,
На сметане мешон,
Да в масле пряжон,
На окошке стужон;
Я от дедушки ушёл,
Я от бабушки ушёл,
Я от зайца ушёл,
Я от волка ушёл,
От тебя, медведь, не хитро уйти!

И опять укатился; только медведь его и видел!..
Катится, катится колобок, а навстречу ему лиса:
— Здравствуй, колобок! Какой ты хорошенький.
А колобок запел:

Я по коробу скребён,
По сусеку метён,
На сметане мешон,
Да в масле пряжон,
На окошке стужон;
Я от дедушки ушёл,
Я от бабушки ушёл,
Я от зайца ушёл,
Я от волка ушёл,
От медведя ушёл,
От тебя, лиса, и подавно уйду!

— Какая славная песенка! — сказала лиса. — Но ведь я, колобок, стара стала, плохо слышу; сядь-ка на мою мордочку да пропой ещё разок погромче.

Колобок вскочил лисе на мордочку и запел ту же песню.

— Спасибо, колобок! Славная песенка, ещё бы послушала! Сядь-ка на мой язычок да пропой в последний разок, — сказала лиса и высунула свой язык.

Колобок сдуру прыг ей на язык, а лиса — ам его! — и скушала.

КУРОЧКА РЯБА

Жили-были дед да баба, и была у них курочка ряба.

Снесла курочка яичко, не простое — золотое.

Дед бил-бил — не разбил. Баба била-била — не разбила.

Мышка бежала, хвостиком задела, яичко упало и разбилось.

Дед плачет, баба плачет, а курочка кудахчет:

— Кудах-тах-тах! Кудах-тах-тах! Не плачь, дед, не плачь, баба. Я снесу вам яичко другое, не золотое — простое.

ТЕРЕМОК

Ехал мужик с горшками и потерял один горшок.

Прилетела муха-горюха и спрашивает:

— Чей домок-теремок? Кто в тереме живёт?

Видит — никого нет. Она залетела в горшок и стала там жить-поживать.

Прилетел комар-пискун и спрашивает:

— Чей домок-теремок? Кто в тереме живёт?

— Я, муха-горюха. А ты кто?

— Я комар-пискун.

— Ступай ко мне жить.

Вот они стали жить вдвоём.

Прибежала мышка-погрызуха и спрашивает:

— Чей домок-теремок? Кто в тереме живёт?

— Я, муха-горюха.

— Я, комар-пискун. А ты кто?

— Я мышка-погрызуха.

— Ступай к нам жить.

Стали они жить втроём.

Прискакала лягушка-квакушка и спрашивает:

— Чей домок-теремок? Кто в тереме живёт?

— Я, муха-горюха.

— Я, комар-пискун.

— Я, мышка-погрызуха. А ты кто?

— Я лягушка-квакушка.

— Ступай к нам жить.

Стали они жить вчетвером.

Бежит зайчик и спрашивает:

— Чей домок-теремок? Кто в тереме живёт?

— Я, муха-горюха.

— Я, комар-пискун.

— Я, мышка-погрызуха.

— Я, лягушка-квакушка. А ты кто?

— Я заюнок-кривоног, по горке скок.

— Ступай к нам жить.

Стали они жить впятером.

Бежала мимо лиса и спрашивает:

— Чей домок-теремок? Кто в тереме живёт?

— Я, муха-горюха.

— Я, комар-пискун.

— Я, мышка-погрызуха.

— Я, лягушка-квакушка.

— Я, заюнок-кривоног, по горке скок. А ты кто?

— Я лиса — при беседе краса.

— Ступай к нам жить.

Стали они жить вшестером.

Прибежал волк:

— Чей домок-теремок? Кто в тереме живёт?

— Я, муха-горюха.

— Я, комар-пискун.

— Я, мышка-погрызуха.

— Я, лягушка-квакушка.

— Я, заюнок-кривоног, по горке скок.

— Я, лиса — при беседе краса. А ты кто?

— Я волк-волчище — из-за куста хватыш.

— Ступай к нам жить.

Вот живут они семеро все вместе — и горя мало. Пришёл медведь и стучится:

— Чей домок-теремок? Кто в тереме живёт?

— Я, муха-горюха.

— Я, комар-пискун.

— Я, мышка-погрызуха.

— Я, лягушка-квакушка.

— Я, заюнок-кривоног, по горке скок.

— Я, лиса — при беседе краса.

— Я, волк-волчище — из-за куста хватыш. А ты кто?

— Я вам всем пригнётыш.

Сел медведь на горшок. Горшок раздавил и всех зверей распугал.

ПУЗЫРЬ, СОЛОМИНКА и ЛАПОТЬ

Жили-были пузырь, соломинка и лапоть. Пошли они в лес дрова рубить. Дошли до реки, не знают, как через реку перейти.

Лапоть говорит пузырю:

— Пузырь, давай на тебе переплывём?

— Нет, лапоть! Пусть лучше соломинка перетянется с берега на берег, а мы по ней перейдём.

Соломинка перетянулась с берега на берег. Лапоть пошёл по ней, она и переломилась. Лапоть упал в воду.

А пузырь хохотал, хохотал, да и лопнул!

КОЗА-ДЕРЕЗА

Жили-были старик со старухой да их дочка.

Вот дочка пошла пасти коз, пасла по горам, по долам, по зелёным лугам, вечером пригнала их домой. Старик вышел на крыльцо и спрашивает:

— Сыты ли вы, мои козочки?

Отвечают ему козы:

— Мы и сыты, мы и пили.
Мы по горочкам ходили,
Травушку пощипали,
Осинушки поглодали,
Под берёзкой полежали!

А одна коза отвечает:

— Я не сыта, я не пила,
По горочкам не ходила,

Травушку не щипала,
Осинушки не глодала,
Под берёзкой не лежала,
А как бежала через мосточек,
Ухватила кленовый листочек.

Рассердился старик на дочь и прогнал её с глаз долой.

На другой день послал старуху пасти. Старуха пасла коз по горам, по долам, по зелёным лугам.

Поздно вечером пригнала их домой. Вышел старик на крыльцо:

— Сыты ли вы, мои козочки?

Отвечают ему козы:

— Мы и сыты, мы и пили.
Мы по горочкам ходили,
Травушку пощипали,
Осинушки поглодали,
Под берёзкой полежали!

26

А одна коза — всё своё:

— Я не сыта, я не пила,
По горочкам не ходила,
Травушку не щипала,
Осинушки не глодала,
Под берёзкой не лежала,
А как бежала через мосточек,
Ухватила кленовый листочек.

Пуще прежнего рассердился старик, прогнал старуху с глаз долой.

На третий день сам пошёл пасти коз. Пас по горам, по долам, по зелёным лугам. Пригнал их вечером домой, сам забежал вперёд и спрашивает:

— Сыты ли вы, мои козочки?
Козы ему отвечают:

— Мы и сыты, мы и пили.
Мы по горочкам ходили,
Травушку пощипали,
Осинушки поглодали,
Под берёзкой полежали!

А одна коза — всё своё:

— Я не сыта, я не пила,
По горочкам не ходила,
Травушку не щипала,
Осинушки не глодала,
Под берёзкой не лежала,
А как бежала через мосточек,
Ухватила кленовый листочек.

Старик поймал эту козу, привязал её и давай бить. Бил, бил, половину бока ободрал и пошёл нож точить.

Коза видит — дело плохо, оторвалась и убежала. Бежала, бежала, прибежала в заячью избушку, завалилась на печку и лежит.

Приходит зайчик:

— Кто, кто в мою избушку залез?

А коза с печи отвечает:

> — Я коза-дереза,
> За три гроша куплена,
> Полбока луплено,
> Топу́, топу́ ногами,
> Заколю тебя рогами,
> Ножками затопчу!
> Хвостиком замету!

Зайчик испугался и убежал. Идёт, горько плачет. Попадается навстречу ему петух в красных сапожках, в золотых серёжках, на плече косу несёт:

— Здравствуй, заинька. Чего плачешь?

— Как мне не плакать? Забралась коза в мою избушку, меня выгнала.

— Пойдём, я твоему горю помогу.

Подошли они к избушке, петух постучался:

— Тук-тук, кто в избушке?

А коза ему с печи:

— Я коза-дереза,
За три гроша куплена,
Полбока луплено,
Топу́, топу́ ногами,
Заколю тебя рогами,
Ножками затопчу,
Хвостиком замету!

А петух как вскочит на порог да как закричит:

— Я иду в сапожках,
В золотых серёжках,
Несу косу,
Твою голову снесу
По самые плечи,
Полезай с пе́чи!

Коза испугалась да со страху упала с печи и убилась...

А заинька с петушком стали в избушке жить да быть да рыбку ловить.

ЛИСА и КОЗЁЛ

Бежала лиса, на ворон зазевалась — попала в колодец. Воды в колодце было немного: утонуть нельзя, да и выскочить — тоже. Сидит лиса, горюет.

Идёт козёл, умная голова; идёт, бородищей трясёт, рожищами мотает; заглянул, от нечего делать, в колодец, увидел там лису и спрашивает:

— Что ты там, лисонька, поделываешь?

— Отдыхаю, голубчик, — отвечает лиса. — Там наверху жарко, так я сюда забралась. Уж как здесь прохладно да хорошо! Водицы холодненькой — сколько хочешь.

А козлу давно пить хочется.

— Хороша ли вода-то? — спрашивает козёл.

— Отличная! — отвечает лиса. — Чистая, холодная! Прыгай сюда, коли хочешь; здесь обоим нам место будет.

Прыгнул сдуру козёл, чуть лисы не задавил, а она ему:

— Эх, бородатый дурень! И прыгнуть-то не умел — всю обрызгал.

Вскочила лиса козлу на спину, со спины на рога, да и вон из колодца.

Чуть было не пропал козёл с голоду в колодце; насилу-то его отыскали и за рога вытащили.

БОБОВОЕ ЗЁРНЫШКО

Жили-были петушок да курочка. Рылся петушок и вырыл бобок.

— Ко-ко-ко, курочка, ешь бобовое зёрнышко!

— Ко-ко-ко, петушок, ешь сам!

Съел петушок зёрнышко и подавился. Позвал курочку.

— Сходи, курочка, к речке, попроси водицы напиться.

Побежала курочка к речке:

— Речка, речка, дай мне водицы: петушок подавился бобовым зёрнышком!

Речка говорит:

— Сходи к липке, попроси листок, тогда дам водицы.

Побежала курочка к липке:

— Липка, липка, дай мне листок! Отнесу листок речке, речка даст водицы петушку напиться: петушок подавился бобовым зёрнышком.

Липка говорит:

— Сходи к девушке, попроси нитку.

Побежала курочка:

— Девушка, девушка, дай нитку! Отнесу нитку липке, липка даст листок, отнесу листок речке, речка даст водицы петушку напиться: петушок подавился бобовым зёрнышком.

Девушка отвечает:

— Сходи к гребенщикам, попроси гребень, тогда дам нитку.

Курочка прибежала к гребенщикам:

— Гребенщики, гребенщики, дайте мне гребень! Отнесу гребень девушке, девушка даст нитку, отнесу нитку липке, липка даст листок, отнесу листок речке, речка даст водицы петушку напиться: петушок подавился бобовым зёрнышком.

Гребенщики говорят:

— Сходи к калашникам, пусть дадут нам калачей.

Побежала курочка к калашникам:

— Калашники, калашники, дайте калачей! Калачи отнесу гребенщикам, гребенщики дадут гребень, отнесу гребень девушке, девушка даст нитку, нитку отнесу липке, липка даст листок, листок отнесу речке, речка даст водицы петушку напиться: петушок подавился бобовым зёрнышком.

Калашники говорят:

— Сходи к дровосекам, пусть нам дров дадут.
Пошла курочка к дровосекам:
— Дровосеки, дровосеки, дайте дров! Отнесу дрова калашникам, калашники дадут калачей, калачи

отнесу гребенщикам, гребенщики дадут гребень, гребень отнесу девушке, девушка даст нитку, нитку отдам липке, липка даст листок, листок отнесу речке, речка даст водицы петушку напиться: петушок подавился бобовым зёрнышком.

Дровосеки дали курочке дров. Отнесла курочка дрова калашникам, калашники дали ей калачей, калачи отдала гребенщикам, гребенщики дали ей гребень, отнесла гребень девушке, девушка дала ей нитку, нитку отнесла липке, липка дала листок, отнесла листок речке, речка дала водицы.

Петушок напился, и проскочило зёрнышко.

Запел петушок:

— Ку-ка-ре-куу!

КОТ и ЛИСА

Жил-был мужик; у него был кот, только такой шкодливый, что беда! Надоел он мужику. Вот мужик думал, думал, взял кота, посадил в мешок, завязал и понёс в лес. Принёс и бросил его в лесу: пускай пропадает!

Кот ходил, ходил и набрёл на избушку, в которой лесник жил; залез на чердак и полёживает себе, а захочет есть — пойдёт по лесу птичек да мышей ловить, наестся досыта и опять на чердак, и горя ему мало!

Вот однажды пошёл кот гулять, а навстречу ему лиса, увидала кота и дивится:

— Сколько лет живу в лесу, а такого зверя не видывала.

Поклонилась коту и спрашивает:

— Скажись, добрый молодец, кто ты таков, каким случаем сюда зашёл и как тебя по имени величать?

А кот вскинул шерсть свою и говорит:

— Я из сибирских лесов прислан к вам бурмистром, а зовут меня Котофей Иванович.

— Ах, Котофей Иванович, — говорит лиса, — не знала про тебя, не ведала: ну, пойдём же ко мне в гости.

Кот пошёл к лисице; она привела его в свою нору и стала потчевать разной дичинкою, а сама выспрашивает:

— Что, Котофей Иванович, женат ты али холост?

— Холост, — говорит кот.

— И я, лисица,— девица, возьми меня замуж.

Кот согласился, и начался у них пир да веселье. На другой день отправилась лиса добывать припасов, чтоб было чем с молодым мужем жить; а кот остался дома. Бежит лиса, а навстречу ей попадается волк и начал с нею заигрывать.

— Где ты, кума, пропадала? Мы все норы обыскали, а тебя не видали.

— Пусти, дурак! Что заигрываешь? Я прежде была лисица-девица, а теперь замужняя жена.

— За кого же ты вышла, Лизавета Ивановна?

— Разве ты не слыхал, что к нам из сибирских лесов прислан бурмистр Котофей Иванович? Я теперь бурмистрова жена.

— Нет, не слыхал, Лизавета Ивановна. Как бы на него посмотреть?

— У! Котофей Иванович у меня такой сердитый: коли кто не по нём, сейчас съест! Ты смотри, приготовь барана да принеси ему на поклон; барана-то положи, а сам схоронись, чтоб он тебя не увидел, а то, брат, туго придётся!

Волк побежал за бараном.

Идёт лиса, а навстречу ей медведь и стал с нею заигрывать.

— Что ты, дурак, косолапый Мишка, трогаешь меня? Я прежде была лисица-девица, а теперь замужняя жена.

— За кого же ты, Лизавета Ивановна, вышла?

— А который прислан к нам из сибирских лесов бурмистром, зовут Котофей Иванович, — за него и вышла.

— Нельзя ли посмотреть его, Лизавета Ивановна?

— У! Котофей Иванович у меня такой сердитый: коли кто не по нём, сейчас съест! Ты ступай

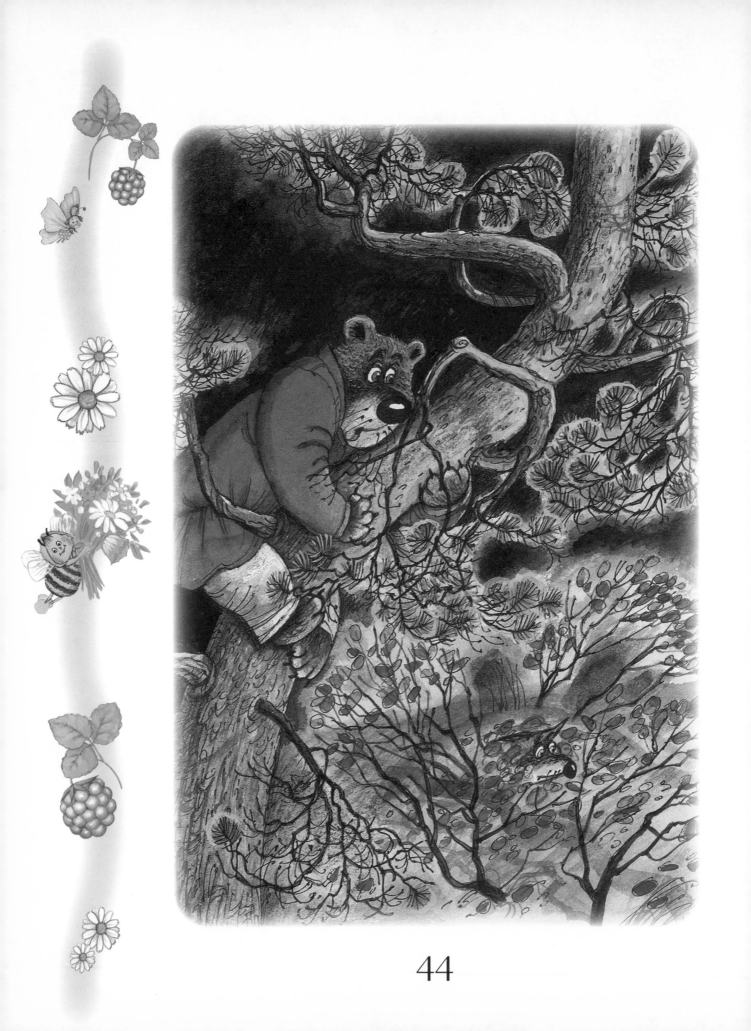

приготовь быка да принеси ему на поклон; волк барана хочет принесть. Да смотри, быка-то положи, а сам схоронись, чтоб Котофей Иванович тебя не увидел, а то, брат, туго придётся!

Медведь потащился за быком.

Принёс волк барана, ободрал шкуру и стоит в раздумье; смотрит — и медведь лезет с быком.

— Здравствуй, брат Михайло Иваныч!

— Здравствуй, брат Левон! Что, не видал лисицы с мужем?

— Нет, брат, давно дожидаюсь.

— Ступай зови.

— Нет, не пойду, Михайло Иваныч! Сам иди, ты посмелей меня.

— Нет, брат Левон, и я не пойду.

Вдруг откуда ни взялся — бежит заяц. Медведь как крикнет на него:

— Поди-ка сюда, косой чёрт!

Заяц испугался, прибежал.

— Ну что, косой пострел, знаешь, где живёт лисица?

— Знаю, Михайло Иваныч!

— Ступай же скорее да скажи ей, что Михайло Иваныч с братом Левоном Иванычем давно уж готовы, ждут тебя-де с мужем, хотят поклониться бараном да быком.

Заяц пустился к лисе во всю свою прыть. А медведь и волк стали думать, где бы спрятаться. Медведь говорит:

— Я полезу на сосну.

— А мне что же делать? Я куда денусь? — спрашивает волк. — Ведь я на дерево ни за что не взберусь! Михайло Иваныч! Схорони, пожалуйста, куда-нибудь, помоги горю.

Медведь положил его в кусты и завалил сухим листом, а сам взлез на сосну, на самую-таки макушку, и поглядывает: не идёт ли Котофей с лисою? Заяц меж тем прибежал к лисицыной норе, постучался и говорит лисе:

— Михайло Иваныч с братом Левоном Иванычем прислали сказать, что они давно готовы, ждут тебя с мужем, хотят поклониться вам быком да бараном.

— Ступай, косой! Сейчас будем.

Вот идёт кот с лисою. Медведь увидал их и говорит волку:

— Ну, брат Левон Иваныч, идёт лиса с мужем; какой же он маленький!

Пришёл кот и сейчас же бросился на быка, шерсть на нём взъерошилась, и начал он рвать мясо и зубами и лапами, а сам мурчит, будто сердится:

— Мало, мало!

А медведь говорит:

— Невелик, да прожорист! Нам четверым не съесть, а ему одному мало; пожалуй, и до нас доберётся!

Захотелось волку посмотреть на Котофея Ивановича, да сквозь листья не видать! И начал он прокапывать над глазами листья, а кот услыхал, что лист шевелится, подумал, что это — мышь, да как кинется и прямо волку в морду вцепился когтями.

Волк вскочил, да давай бог ноги, и был таков. А кот сам испугался и бросился прямо на дерево, где медведь сидел.

«Ну, — думает медведь, — увидал меня!»

Слезать-то некогда, вот он положился на божью волю да как шмякнется с дерева оземь, все печёнки отбил; вскочил — да бежать!

А лисица вслед кричит:

— Вот он вам задаст! Погодите!

С той поры все звери стали кота бояться; а кот с лисой запаслись на целую зиму мясом и стали себе жить да поживать, и теперь живут, хлеб жуют.

ВОЛК и КОЗЛЯТА

Жила-была коза с козлятами. Уходила коза в лес есть траву шелко́вую, пить воду студёную. Как только уйдёт — козлятки запрут избушку и сами никуда не выходят.

Воротится коза, постучится в дверь и запоёт:

— Козлятушки, ребятушки!
Отопритеся, отворитеся!
Ваша мать пришла — молока принесла;
Бежит молоко по вымечку,
Из вымечка по копытечку,
Из копытечка во сыру землю!

Козлятки отопрут дверь и впустят мать. Она их покормит, напоит и опять уйдёт в лес, а козлята запрутся крепко-накрепко.

Волк подслушал, как поёт коза. Вот раз коза ушла, волк побежал к избушке и закричал толстым голосом:

— Вы, детушки!
Вы, козлятушки!
Отопритеся,
Отворитеся!
Ваша мать пришла,
Молока принесла.
Полны копытца водицы!

Козлята ему отвечают:

— Слышим, слышим — да не матушкин это голосок! Наша матушка поёт тонюсеньким голосом и не так причитает.

Волку делать нечего. Пошёл он в кузницу и велел себе горло перековать, чтоб петь тонюсеньким голосом. Кузнец ему горло перековал. Волк опять побежал к избушке и спрятался за куст.

Вот приходит коза и стучится:

— Козлятушки, ребятушки!
Отопритеся, отворитеся!
Ваша мать пришла — молока принесла;
Бежит молоко по вымечку,
Из вымечка по копытечку,
Из копытечка во сыру землю!

Козлята впустили мать и давай рассказывать, как приходил волк, хотел их съесть.

Коза накормила, напоила козлят и строго-настрого наказала:

— Кто придёт к избушечке, станет проситься толстым голосом да не переберёт всего, что я вам причитываю, — дверь не отворяйте, никого не впускайте.

Только ушла коза, волк опять шасть к избушке, постучался и начал причитывать тонюсеньким голосом:

— Козлятушки, ребятушки!
Отопритеся, отворитеся!
Ваша мать пришла — молока принесла;
Бежит молоко по вымечку,
Из вымечка по копытечку,
Из копытечка во сыру землю!

Козлята отворили дверь, волк кинулся в избу и всех козлят съел. Только один козлёночек схоронился в печке.

Приходит коза; сколько ни звала, ни причитывала — никто ей не отвечает. Видит — дверь отворена, вбежала в избушку — нет никого. Заглянула в печь и нашла там одного козлёночка.

Как узнала коза о своей беде, как села она на лавку — начала горевать, горько плакать:

— Ох вы, детушки мои, козлятушки!
На что отпиралися-отворялися,
Злому волку доставалися?

Услыхал это волк, входит в избушку и говорит козе:

— Что ты на меня грешишь, кума? Не я твоих козлят съел. Полно горевать, пойдём лучше в лес, погуляем.

Пошли они в лес, а в лесу была яма, а в яме костёр горел. Коза и говорит волку:

— Давай, волк, попробуем, кто перепрыгнет через яму?

Стали они прыгать. Коза перепрыгнула, а волк прыгнул да и ввалился в горячую яму.

Брюхо у него от огня лопнуло, козлятки оттуда выскочили, все живые, да — прыг к матери! И стали они жить-поживать по-прежнему.

КОЗЁЛ да БАРАН

Жили старик да старуха. У них были баран да козёл, только такие норовистые: совсем от стада отбились, бегают себе по сторонам — ищи где хочешь!

— Знаешь что, старуха, — говорит старик, — давай заколем козла и барана, а то они с жиру бесятся! Пожалуй, туда забегут, что и не найдёшь: всё равно пропадут даром.

— Ну что ж! Заколем.

А баран с козлом стояли под окошком, подслушали эти речи и убежали в густой-густой лес. Прибежали и говорят:

— Надо развести теперь огонь, а то холодно будет: вишь, какая роса холодная.

Стали они таскать хворост: набрали целую кучу. Надо огня добыть.

Недалеко мужики жгли уголья. Вот козёл с бараном утащили у них головешку, развели огонь и сели греться. Вдруг прибежали три медведя и уселись около костра. Что делать?

Козёл стал спрашивать:

— Что, баран, есть хочешь?

— Хочу.

— А ружьё у тебя заряжено?

— Заряжено.

— А топор востёр?

— Востёр.

— Ну поди, добывай на ужин.

— Нет, брат козёл, я сейчас только пришёл, не пойду.

— Неужто ж нам голодными спать? Ступай убей вот этого медведя: мы их не звали, они сами к нам пришли! Зажарим да поужинаем.

Медведь оробел и говорит:

— Ах, братцы — козёл да баран! Где станете меня жарить? Вишь, у вас какой малый огонь! Пустите меня, я наломаю вам дров, разведу побольше костёр, тогда убейте меня и жарьте.

— Хорошо, ступай за дровами.

Медведь вскочил и давай бог ноги.

«Кто себе враг! — думает он про себя. — Ни за что не ворочусь назад».

Другой медведь видит, что посланный за дровами не ворочается, и взяло его раздумье: «Пожалуй, они за меня теперь примутся!»

— Пойду, — говорит, — помогу тому медведю, верно, он так много наломал, что и притащить не в силу.

— Ну, ступай помоги.

Вот и другой медведь убежал: остался ещё один.

Козёл обождал немножко и говорит:

— Ну, брат медведь, приходится тебя бить. Сам видишь, очерёдные-то ушли!

— Ах, братцы, на чём же станете меня жарить? Огня-то и вовсе нет. Лучше пойду я да погоню очерёдных назад.

— Да и ты, пожалуй, не воротишься?

— Ну, право, ворочусь, да и тех с собой приведу!

— Ступай да поскорей приходи: не умирать же нам с голоду! Коли сам за вами пойду — всем худо будет!

И последний медведь со всех ног пустился бежать и убежал далеко-далеко.

— Славно, брат, надули! — говорит козёл. — Только, вишь, здесь надо каждого шороху бояться. Пойдём-ка домой, заодно пропадать, а может, старик-то и сжалится.

Вот и воротились домой.

Старик обрадовался.

— Накорми-ка их! — говорит старухе.

59

Козёл и баран зачали ласкаться: старухе жалко их стало. Она и говорит старику:

— Неужто нам есть нечего! Не станем колоть козла и барана, пусть ещё поживут!

— Ну, ладно! — сказал мужик.

Стали они жить себе, поживать да добра наживать. А козёл с бараном баловство своё совсем оставили, сделались смирными да послушными.

МЕДВЕДЬ И ЛИСА

Жили-были медведь и лиса.

У медведя в избе на чердаке была припасена кадушка мёду.

Лиса про то сведала. Как бы ей до мёду добраться? Прибежала лиса к медведю, села под окошечко:

— Кум, ты не знаешь моего горечка!

— Что, кума, у тебя за горечко?

— Изба моя худая, углы провалились, я и печь не топила. Пусти к себе ночевать.

— Поди, кума, переночуй.

Вот легли они спать на печке. Лиса лежит да хвостом вертит. Как ей до мёду добраться? Медведь заснул, а лиса — тук-тук хвостом.

Медведь спрашивает:

— Кума, кто там стучит?

— А это за мной пришли, у соседушки сынок родился.

— Так сходи, кума.

Вот лиса ушла. А сама влезла на чердак и почала кадушку с мёдом. Наелась, воротилась и опять легла.

— Кума, а кума, — спрашивает медведь, — как назвали-то?

— Починочком.

— Это имечко хорошее.

На другую ночь легли спать, лиса — тук-тук хвостом:

— Кум, а кум, меня опять зовут.

— Так сходи, кума.

Лиса влезла на чердак и до половины мёд-то и поела. Опять воротилась и легла.

— Кума, а кума, как назвали-то?

— Половиночком.

— Это имечко хорошее.

На третью ночь лиса — тук-тук хвостом:

— Меня опять зовут.

— Кума, а кума, — говорит медведь, — ты недолго ходи, а то я блины хочу печь.

— Ну, это я скоро обернусь.

А сама — на чердак и докончила кадушку с мёдом, всё выскребла. Воротилась, а медведь уже встал.

— Кума, а кума, как назвали-то?

— Поскрёбышком.

— Это имечко и того лучше. Ну, теперь давай блины печь.

Медведь напёк блинов, а лиса спрашивает:

— Мёд-то у тебя, кум, где?

— А на чердаке.

Полез медведь на чердак, а мёду-то в кадушке нет — пустая.

— Кто его съел? — спрашивает. — Это ты, кума, больше некому!

— Нет, кум, я мёд в глаза не видала. Да ты сам его съел, а на меня говоришь!

Медведь думал, думал…

— Ну, — говорит, — давай пытать — кто съел. Ляжем на солнышке вверх брюхом. У кого мёд вытопится — тот, значит, и съел.

Легли они на солнышке. Медведь уснул. А лисе не спится. Глядь-поглядь — на животе у неё и показался медок. Она ну-ка скорее перемазывать его медведю на живот.

— Кум, а кум! Это что? Вот кто мёд-то съел!

Медведь — делать нечего — повинился.

ТРИ МЕДВЕДЯ

Одна девочка ушла из дома в лес. В лесу она заблудилась и стала искать дорогу домой, да не нашла, а пришла в лесу к домику.

Дверь была отворена; она посмотрела в дверь, видит: в домике никого нет, и вошла. В домике этом жили три медведя. Один медведь был отец, звали его Михайло Иванович. Он был большой и лохматый. Другой была медведица. Она была поменьше, и звали её Настасья Петровна. Третий был маленький медвежонок, и звали его Мишутка. Медведей не было дома, они ушли гулять по лесу.

В домике было две комнаты: одна столовая, другая спальня. Девочка вошла в столовую и увидела на столе три чашки с похлёбкой. Первая чашка, очень большая, была Михайлы Иванычева. Вторая чашка, поменьше, была Настасьи Петровнина; третья, синенькая чашечка, была Мишуткина. Подле

каждой чашки лежала ложка: большая, средняя и маленькая.

Девочка взяла самую большую ложку и похлебала из самой большой чашки; потом взяла среднюю ложку и похлебала из средней чашки; потом взяла маленькую ложечку и похлебала из синенькой чашечки; и Мишуткина похлёбка ей показалась лучше всех.

Девочка захотела сесть и видит у стола три стула: один большой — Михайлы Иваныча; другой поменьше — Настасьи Петровнин, а третий, маленький, с синенькой подушечкой — Мишуткин. Она полезла на большой стул и упала; потом села на средний стул, на нём было неловко; потом села на маленький стульчик и засмеялась — так было хорошо. Она взяла синенькую чашечку на колени и стала есть. Поела всю похлёбку и стала качаться на стуле.

Стульчик проломился, и она упала на пол. Она встала, подняла стульчик и пошла в другую горницу. Там стояли три кровати: одна большая — Михайлы Иванычева; другая средняя — Настасьи Петровнина; третья маленькая — Мишенькина. Девочка легла в большую, ей было слишком просторно; легла в среднюю — было слишком высоко; легла в маленькую — кроватка пришлась ей как раз впору, и она заснула.

А медведи пришли домой голодные и захотели обедать.

Большой медведь взял чашку, взглянул и заревел страшным голосом:

— КТО ХЛЕБАЛ В МОЕЙ ЧАШКЕ?

Настасья Петровна посмотрела на свою чашку и зарычала не так громко:

— КТО ХЛЕБАЛ В МОЕЙ ЧАШКЕ?

А Мишутка увидал свою пустую чашечку и запищал тонким голосом:

— КТО ХЛЕБАЛ В МОЕЙ ЧАШКЕ И ВСЁ ВЫХЛЕБАЛ?

Михайло Иваныч взглянул на свой стул и зарычал страшным голосом:

— КТО СИДЕЛ НА МОЁМ СТУЛЕ И СДВИНУЛ ЕГО С МЕСТА?

Настасья Петровна взглянула на свой стул и зарычала не так громко:

— КТО СИДЕЛ НА МОЁМ СТУЛЕ И СДВИНУЛ ЕГО С МЕСТА?

Мишутка взглянул на свой сломанный стульчик и пропищал:

— КТО СИДЕЛ НА МОЁМ СТУЛЕ И СЛОМАЛ ЕГО?

Медведи пришли в другую горницу.

— КТО ЛОЖИЛСЯ В МОЮ ПОСТЕЛЬ И СМЯЛ ЕЁ? — заревел Михайло Иваныч страшным голосом.

— КТО ЛОЖИЛСЯ В МОЮ ПОСТЕЛЬ И СМЯЛ ЕЁ? — зарычала Настасья Петровна не так громко.

А Мишенька подставил скамеечку, полез в свою кроватку и запищал тонким голосом:

— КТО ЛОЖИЛСЯ В МОЮ ПОСТЕЛЬ?

И вдруг он увидал девочку и завизжал так, как будто его режут:

— Вот она! Держи, держи! Вот она! Ай-я-яй! Держи!

Он хотел её укусить.

Девочка открыла глаза, увидела медведей и бросилась к окну. Оно было открыто, она выскочила в окно и убежала. И медведи не догнали её.

74

КОТ, ПЕТУХ и ЛИСА

Слушайте: жил-был старик, у него были кот да петух. Старик ушёл в лес на работу, кот понёс ему есть, а петуха оставил стеречь дом. На ту пору пришла лиса:

— Кукареку, петушок,
Золотой гребешок,
Выгляни в окошко,
Дам тебе горошку,

Так пела лисица, сидя под окном. Петух выставил окошко, высунул головку и посмотрел: кто тут поёт? А лиса хвать его в когти и понесла в свою избушку. Петух закричал:

— Понесла меня лиса, понесла петуха за тёмные леса, за дремучие боры, по крутым бережкам, по высоким горам. Кот Котофеевич, отыми меня!

Кот услыхал крик и бросился в погоню, настиг лису, отбил петуха и принёс его домой.

— Смотри же, Петя, — говорит ему кот, — не выглядывай в окошко, не верь лисе: она съест тебя и косточек не оставит.

Старик опять ушёл в лес на работу, а кот понёс ему есть. Старик, уходя, заказывал петуху беречь дом и не выглядывать в окошко.

Но лисице больно захотелось скушать петушка. Пришла она к избушке и запела:

> — Кукареку, петушок,
> Золотой гребешок,
> Выгляни в окошко,
> Дам тебе горошку,
> Дам и зёрнышек.

Петух ходит по избе, молчит, не отзывается. Лиса снова запела песенку и бросила в окно горошку. Петух съел горошек и говорит:

— Нет, лиса, не обманешь! Ты хочешь меня съесть… и косточек не оставишь.

— Полно, Петя! Стану ли я есть тебя! Мне хотелось, чтобы ты у меня погостил, моего житья-бытья посмотрел, на моё добро поглядел!

И она запела сладким голосом:

— Кукареку, петушок,
Золотой гребешок,
Масляна головка,
Выгляни в окошко,
Я дала тебе горошку,
Дам и зёрнышек.

Петух выглянул в окошко, а лиса его в когти. Закричал петух:

— Понесла меня лиса, понесла петуха за тёмные леса, за дремучие боры, по крутым бережкам, по высоким горам. Кот Котофеевич, выручай меня!

Кот услыхал крик, пустился в погоню, нагнал лису и отбил петуха.

— Не говорил ли я тебе, Петя, не выглядывай в окошко — съест тебя лиса и косточек не оставит! Смотри же, слушай меня! Мы завтра далеко пойдём.

Вот опять старик ушёл на работу, и кот ему хлеба понёс. Лиса подкралась под окошко и тут же песенку запела. Три раза пропела, а петух всё молчит.

— Что это, — говорит лиса, — ныне Петя совсем онемел!

— Нет, лиса, не обманешь меня! Не выгляну в окошко.

Лиса бросила в окно горошку да пшенички и снова запела:

— Кукареку, петушок,
Золотой гребешок,
Масляна головка,
Выгляни в окошко,
У меня-то хоромы,
Хоромы большие,
В каждом углу
Пшенички по мерочке:
Ешь, сыт, не хочу!

Потом добавила:

— Да, посмотрел бы ты, Петя, сколько у меня всяких диковинок! Полно, не верь коту! Если бы я хотела тебя съесть, то давно бы это сделала. А то видишь — я тебя люблю, хочу тебя в люди показать

да уму-разуму научить, как надо на свете жить. Да покажись же, Петя! Вот я за угол уйду!

И притаилась за стеною...

Петух вскочил на лавку, высунул голову в окошко, а лиса его в когти — и была такова! Петух закричал во всё горло, но старик и кот были далеко и не слыхали его крика.

Долго ли, коротко ли, воротился кот домой и видит: петушка нету, надо из беды выручать. Кот тотчас же нарядился гусляром, захватил в лапы дубинку и отправился к лисицыной избушке. Пришёл и начал наигрывать на гуслях:

— Стрень-брень, гусельцы, золотые струночки! Дома ли Лисафья, дома ли с детками, одна дочка Чучелка, другая Подчучелка, третья Подай-челнок, четвёртая Подмети-шесток, пятая Трубу-закрой, шестая Огня-вздуй, а седьмая Пеки-пироги!

Лиса говорит:

— Поди, Чучелка, посмотри, кто такую хорошую песню поёт?

Чучелка вышла за ворота, а гусляр стук её в лобок — да в коробок и снова запел ту же самую песню. Лиса посылает другую дочку, за другою — третью, за третьей — четвёртую, и так дальше. Какая ни выйдет за ворота — гусляр своё дело сделает: стук

в лобок — да в коробок! Перебил всех лисицыных деток поодиночке.

Лиса ждёт их и не дождётся. «Дай, — думает, — сама посмотрю!»

Вышла за ворота, а кот размахнулся дубинкой, как хватит её по голове — из неё и дух вон! Петушок обрадовался, вылетел в окно и благодарит кота за своё спасение. Воротились они к старику и стали себе жить-поживать да добра наживать.

ЛИСА и ЖУРАВЛЬ

Лиса с журавлём подружились. Вот вздумала лиса угостить журавля, пошла звать его к себе в гости:

— Приходи, куманёк, приходи, дорогой! Уж я тебя угощу.

Пошёл журавль на званый пир. А лиса наварила манной каши и размазала по тарелке. Подала и потчевает:

— Покушай, голубчик куманёк, — сама стряпала.

Журавль стук-стук носом по тарелке, стучал, стучал — ничего не попадает!

А лисица лижет себе да лижет кашу, так всё сама и съела. Кашу съела и говорит:

— Не обессудь, куманёк! Больше потчевать нечем.

Журавль ей отвечает:

— Спасибо, кума, и на этом. Приходи ко мне в гости.

На другой день приходит лиса к журавлю, а он приготовил окрошку, наклал в кувшин с узким горлышком, поставил на стол и говорит:

— Кушай, кумушка. Право, больше нечем потчевать.

Лиса начала вертеться вокруг кувшина. И так зайдёт, и этак, и лизнёт его, и понюхает-то, — никак достать не может: не лезет голова в кувшин.

А журавль клюёт себе да клюёт, пока всё не съел.

— Ну, не обессудь, кума! Больше нечем угощать.

Взяла лису досада. Думала, что наестся на целую неделю, а домой пошла — несолоно хлебала. Как аукнулось, так и откликнулось.

С тех пор и дружба у лисы с журавлём врозь.

ЖУРАВЛЬ и ЦАПЛЯ

Жили-были на болоте журавль да цапля. Построили они себе по краям болота избушки.

Журавлю стало скучно жить одному, и задумал он жениться.

— Дай пойду посватаюсь к цапле!

Пошёл журавль, — тяп-тяп! — семь вёрст болото месил.

Приходит и говорит:

— Дома ли цапля?

— Дома.

— Выдь за меня замуж!

— Нет, журавль, не пойду за тебя замуж: у тебя ноги до́лги, платье коротко, сам худо летаешь, и кормить-то тебе меня нечем! Ступай прочь, долговязый!

Пошёл журавль домой несолоно хлебавши. Цапля после раздумалась: «Чем жить одной, лучше пойду замуж за журавля».

Приходит к журавлю и говорит:

— Журавль, возьми меня замуж!

— Нет, цапля, мне тебя не надо! Не хочу жениться, не возьму тебя замуж. Убирайся.

Цапля заплакала со стыда и воротилась домой. Ушла цапля, а журавль раздумался: «Напрасно не взял за себя цаплю! Ведь одному-то скучно».

Приходит и говорит:

— Цапля! Я вздумал на тебе жениться, пойди за меня!

— Нет, журавль, не пойду за тебя замуж!

Пошёл журавль домой. Тут цапля раздумалась: «Зачем отказала? Что одной-то жить? Лучше за журавля пойду».

Приходит она свататься, а журавль не хочет. Вот так-то и ходят они по сию пору один к другому свататься, да никак не женятся.

ЛИСИЧКА-СЕСТРИЧКА и ВОЛК

Жили себе дед да баба. Дед говорит бабе:

— Ты, баба, пеки пироги, а я поеду за рыбой.

Наловил рыбы и везёт домой целый воз. Вот едет он и видит: лисичка свернулась калачиком и лежит на дороге.

Дед слез с воза, подошёл к лисичке, а она не ворохнётся, лежит себе как мёртвая.

— Вот будет подарок жене! — сказал дед, взял лисичку и положил на воз, а сам пошёл впереди.

А лисичка улучила время и стала выбрасывать полегоньку из воза всё по рыбке да по рыбке, всё по рыбке да по рыбке. Повыбросила всю рыбу и сама ушла.

— Ну, старуха, — говорит дед, — какой воротник привёз я тебе на шубу.

— Где?

— Там, на возу, — и рыба и воротник.

Подошла баба к возу: ни воротника, ни рыбы — и начала ругать мужа:

— Ах ты, такой-сякой! Ты ещё вздумал обманывать!

Тут дед смекнул, что лисичка-то была не мёртвая. Погоревал, погоревал, да делать нечего.

А лисичка собрала всю разбросанную рыбу в кучку, села и кушает себе. Приходит к ней серый волк:

— Здравствуй, кумушка!

— Здравствуй, куманёк!

— Дай мне рыбки!

— Налови сам, да и ешь.

— Я не умею.

— Эка, ведь я же наловила! Ты, куманёк, ступай на реку, опусти хвост в прорубь — рыба сама на хвост нацепляется, да смотри, сиди подольше, а то не наловишь.

Волк пошёл на реку, опустил хвост в прорубь; дело-то было зимою. Уж он сидел, сидел, целую ночь просидел, хвост его и приморозило; попробовал было приподняться: не тут-то было.

«Эка, сколько рыбы привалило, и не вытащишь!» — думает он.

Смотрит, а бабы идут за водой и кричат, завидя серого:

— Волк, волк! Бейте его! Бейте его!

Прибежали и начали колотить волка — кто коромыслом, кто ведром, чем кто попало. Волк прыгал, прыгал, оторвал себе хвост и пустился без оглядки бежать.

«Хорошо же, — думает, — уж я тебе отплачу, кумушка!»

А лисичка-сестричка, покушамши рыбки, захотела попробовать, не удастся ли ещё что-нибудь стянуть;

забралась в одну избу, где бабы пекли блины, да попала головой в кадку с тестом, вымазалась и бежит. А волк ей навстречу:

— Так-то учишь ты? Меня всего исколотили!

— Эх, куманёк, — говорит лисичка-сестричка, — у тебя хоть кровь выступила, а у меня мозг, меня больней твоего прибили; я насилу плетусь.

— И то правда, — говорит волк, — где тебе, кумушка, уж идти; садись на меня, я тебя довезу.

Лисичка села ему на спину, он её и понёс. Вот лисичка-сестричка сидит да потихоньку и говорит:

— Битый небитого везёт, битый небитого везёт.

— Что ты, кумушка, говоришь?

— Я, куманёк, говорю: «Битый битого везёт».

— Так, кумушка, так!..

97

ЛИСА И ЗАЯЦ

Жили-были лиса да заяц. У лисы была избёнка ледяная, у зайца — лубяная.

Пришла весна-красна — у лисы избёнка растаяла, а у зайца стоит по-старому.

Вот лиса и попросилась у него переночевать, да его из избёнки и выгнала.

Идёт доро́гой зайчик, плачет. Ему навстречу собака:

— Тяф, тяф, тяф! Что, зайчик, плачешь?

— Как мне не плакать? Была у меня избёнка лубяная, а у лисы ледяная. Попросилась она ко мне ночевать, да меня и выгнала.

— Не плачь, зайчик! Я твоему горю помогу.

Подошли они к избёнке. Собака забрехала:

— Тяф, тяф, тяф! Поди, лиса, вон!

А лиса им с печи:

— Как выскочу, как выпрыгну, пойдут клочки по закоулочкам!

Собака испугалась и убежала.

Зайчик опять идёт доро́гой, плачет. Ему навстречу медведь:

— О чём, зайчик, плачешь?

— Как мне не плакать? Была у меня избёнка лубяная, а у лисы ледяная. Попросилась она ночевать, да меня и выгнала.

— Не плачь, я твоему горю помогу.

— Нет, не поможешь. Собака гнала — не выгнала, и тебе не выгнать.

— Нет, выгоню!

Подошли они к избёнке. Медведь как закричит:

— Поди, лиса, вон!

А лиса им с печи:

— Как выскочу, как выпрыгну, пойдут клочки по закоулочкам!

Медведь испугался и убежал.

Идёт опять зайчик. Ему навстречу бык:

— Что, зайчик, плачешь?

— Как мне не плакать? Была у меня избёнка лубяная, а у лисы ледяная. Попросилась она ночевать, да меня и выгнала.

— Пойдём, я твоему горю помогу.

— Нет, бык, не поможешь. Собака гнала — не выгнала, медведь гнал — не выгнал, и тебе не выгнать.

— Нет, выгоню!

Подошли они к избёнке. Бык как заревел:

— Поди, лиса, вон!

А лиса им с печи:

— Как выскочу, как выпрыгну, пойдут клочки по закоулочкам!

Бык испугался и убежал.

Идёт опять зайчик дорогой, плачет пуще прежнего. Ему навстречу петух с косой:

— Ку-ка-реку! О чём, зайчик, плачешь?

— Как мне не плакать? Была у меня избёнка лубяная, у лисы ледяная. Попросилась она ночевать, да меня и выгнала.

— Пойдём, я твоему горю помогу.

— Нет, петух, не поможешь. Собака гнала — не выгнала, медведь гнал — не выгнал, бык гнал — не выгнал, и тебе не выгнать.

— Нет, выгоню!

Подошли они к избёнке. Петух лапами затопал, крыльями забил:

— Ку-ка-ре-ку! Иду на пятах,
Несу косу на плечах,
Хочу лису посе́чи,
Слезай, лиса, с пе́чи,
Поди, лиса, вон!

Лиса услыхала, испугалась и говорит:
— Обуваюсь...
Петух опять:

— Ку-ка-ре-ку! Иду на пятах,
Несу косу на плечах,
Хочу лису посе́чи,
Слезай, лиса, с пе́чи,
Поди, лиса, вон!

Лиса опять говорит:
— Одеваюсь...
Петух в третий раз:

— Ку-ка-ре-ку! Иду на пятах,
Несу косу на плечах,
Хочу лису посе́чи,
Слезай, лиса, с пе́чи,
Поди, лиса, вон!

Лиса без памяти выбежала, петух её тут и зарубил косой.

И стали они с зайчиком жить-поживать в лубяной избёнке.

ПЕТУШОК-ЗОЛОТОЙ ГРЕБЕШОК И ЖЕРНОВЦЫ

Жил да был себе старик со старухою, бедные-бедные! Хлеба-то у них не было. Вот они поехали в лес, набрали желудей, привезли домой и начали есть. Долго ли, коротко ли они ели, только старуха уронила один жёлудь в подполье. Пустил жёлудь росток и в небольшое время дорос до полу. Старуха заприметила и говорит:

— Старик! Надобно пол-то прорубить. Пускай дуб растёт выше. Как вырастет, не станем в лес за желудями ездить, станем в избе рвать.

Старик прорубил пол. Деревцо росло-росло и выросло до потолка. Старик разобрал и потолок, а после и крышу снял: деревцо всё растёт да растёт и доросло до самого неба.

Не стало у старика со старухой желудей, взял он мешок и полез на дуб. Лез-лез… и взобрался на небо. Ходил-ходил по небу, увидал: сидит кочеток —

золотой гребешок, масляна головка, и стоят жерновцы. Старик долго не думал, захватил с собою и кочетка и жерновцы и спустился в избу.

Спустился и говорит:

— Как нам, старуха, быть, что нам есть?

— Постой, — молвила старуха, — я попробую жерновцы.

Взяла жерновцы и стала молоть; ан блин да пирог, блин да пирог, что ни повернёт — всё блин да пирог! И накормила старика.

Ехал мимо какой-то боярин и заехал к старику со старушкой в хату.

— Нет ли, — спрашивает, — чего-нибудь поесть?

Старуха говорит:

— Чего тебе, родимый, дать поесть, разве блинков?

Взяла жерновцы и намолола: нападали блинки да пирожки. Боярин поел и говорит:

— Продай мне, бабушка, твои жерновцы.

— Нет, — отвечает старуха, — продавать нельзя.

Он взял да и украл у неё жерновцы. Как увидали старик со старухою, что украдены жерновцы, стали горевать.

— Постой, — говорит кочеток — золотой гребешок, — я полечу догоню!

Прилетел он к боярским хоромам, сел на ворота и кричит:

— Кукареку! Боярин, боярин! Отдай наши жерновцы, золотые, голубые!

Как услыхал боярин, сейчас приказывает:

— Эй, малый! Возьми брось его в воду.

Поймали кочетка, бросили в колодец. Он и стал приговаривать:

— Носик, носик, пей воду! Ротик, ротик, пей воду! — и выпил всю воду.

Выпил всю воду и полетел к боярским хоромам; уселся на балкон и опять кричит:

— Кукареку! Боярин, боярин, отдай наши жерновцы, золотые, голубые! Боярин, боярин, отдай наши жерновцы, золотые, голубые!

Боярин велел повару бросить его в горячую печь. Поймали кочетка, бросили в горячую печь — прямо в огонь. Он и стал приговаривать:

— Носик, носик, лей воду! Ротик, ротик, лей воду!

И залил весь жар в печи. Вспорхнул, влетел в боярскую горницу и опять кричит:

— Кукареку! Боярин, боярин, отдай наши жерновцы, золотые, голубые! Боярин, боярин, отдай наши жерновцы, золотые, голубые!

В то же самое время боярин гостей принимал. Гости услыхали, что кричит кочеток, и тотчас же побежали вон из дому. Хозяин бросился догонять их, а кочеток — золотой гребешок подхватил жерновцы и улетел с ними к старику и старухе.

ЗИМОВЬЕ ЗВЕРЕЙ

Шёл бык лесом; попадается ему навстречу баран.

— Куды, баран, идёшь? — спросил бык.

— От зимы лета ищу, — говорит баран.

— Пойдём со мною!

Вот пошли они вместе; попадается им навстречу свинья.

— Куды, свинья, идёшь? — спросил бык.

— От зимы лета ищу, — отвечает свинья.

— Иди с нами.

Пошли втроём дальше, навстречу им гусь.

— Куды, гусь, идёшь? — спрашивает бык.

— От зимы лета ищу, — отвечает гусь.

— Ну, иди за нами!

Вот гусь и пошёл за ними. Идут, а навстречу им петух.

— Куды, петух, идёшь? — спросил бык.

— От зимы лета ищу, — отвечает петух.

— Иди за нами!

Вот они идут путём-дорогою и разговаривают промеж себя:

— Как же, братцы-товарищи! Время подходит холодное: где тепла искать?

Бык и сказывает:

— Ну, давайте избу строить; а то, чего доброго, и впрямь зимою замёрзнем.

Баран говорит:

— У меня шуба тепла — вишь какая шерсть! Я и так перезимую.

Свинья говорит:

— А по мне хоть какие морозы — я не боюсь: зароюсь в землю и без избы прозимую.

Гусь говорит:

— А я сяду в середину ели, одно крыло постелю, а другим оденусь, — меня никакой холод не возьмёт; я и так прозимую.

Петух говорит:

— А разве у меня нет своих крыльев? И я прозимую!

Бык видит — дело плохо, надо одному хлопотать.

— Ну, — говорит, — вы как хотите, а я стану избу строить.

Выстроил себе избушку и живёт в ней.

Вот пришла зима холодная, стали пробирать морозы; баран просится у быка:

— Пусти, брат, погреться.

— Нет, баран, у тебя шуба тёплая; ты и так перезимуешь. Не пущу!

— А коли не пустишь, то я разбегусь и вышибу из твоей избы бревно; тебе же будет холоднее.

Бык думал-думал: «Дай пущу, а то, пожалуй, и меня заморозит», — и пустил барана.

Вот и свинья прозябла, пришла к быку:

— Пусти, брат, погреться.

— Нет, не пущу! Ты в землю зароешься и так перезимуешь.

— А не пустишь, так я рылом все столбы подрою да твою избу сворочу.

Делать нечего, надо пустить. Пустил и свинью. Тут пришли к быку гусь и петух:

— Пусти, брат, к себе погреться.

— Нет, не пущу! У вас по два крыла: одно постелешь, другим оденешься — так и прозимуете!

— А не пустишь, — говорит гусь, — так я весь мох из твоих стен повыщипываю, тебе же холоднее будет.

— Не пустишь? — говорит петух. — Так я взлечу на чердак, всю землю с потолка сгребу, тебе же холоднее будет.

Что делать быку? Пустил жить к себе и гуся и петуха.

Вот живут они себе в избушке. Отогрелся в тепле петух и начал песенки распевать.

Услыхала лиса, что петух песенки распевает, захотелось ей петушиным мясом полакомиться, да как достать его? Лиса поднялась на хитрости, отправилась к медведю да волку и сказала:

— Ну, любезные куманьки! Я нашла для всех поживу: для тебя, медведь, — быка; для тебя волк, — барана; а для себя — петуха.

— Хорошо, кумушка! — говорят медведь и волк. — Мы твоих услуг никогда не забудем. Пойдём же, приколем да поедим!

Лиса привела их к избушке. Медведь говорит волку:

— Иди ты вперёд!

А волк кричит:

— Нет, ты посильнее меня, иди ты вперёд!

Ладно, пошёл медведь; только что в двери — бык наклонил голову и припёр его рогами к стенке. А баран разбежался да как бацнет медведя в бок — и сшиб его с ног. А свинья рвёт и мечет в клочья. А гусь подлетел — глаза щиплет. А петух сидит на брусу и кричит:

— Подайте сюда, подайте сюда!

Волк с лисой услыхали крик да бежать!

Вот медведь рвался, рвался, насилу вырвался, догнал волка и рассказывает:

— Ну, что было мне!.. Этакого страху отродясь не видывал. Только что вошёл я в избу, откуда ни возьмись баба с ухватом на меня... Так к стене и прижала! Набежало народу пропасть: кто бьёт, кто рвёт, кто шилом в глаза колет. А ещё один на брусу сидел да всё кричал: «Подайте сюда, подайте сюда!» Ну, если б подали к нему, кажись бы, и смерть была!

СНЕГУРОЧКА

Жил-был крестьянин Иван, и была у него жена Марья. Жили Иван да Марья в любви и согласии, вот только детей у них не было. Так они и состарились в одиночестве. Сильно они о своей беде сокрушались и, только глядя на чужих детей, утешались. А делать нечего! Так уж, видно, им суждено было. Вот однажды, когда пришла зима да нападало молодого снегу по колено, ребятишки высыпали на улицу поиграть, а старички наши подсели к окну поглядеть на них. Ребятишки бегали, резвились и стали лепить бабу из снега. Иван с Марьей глядели молча, призадумавшись. Вдруг Иван усмехнулся и говорит:

— Пойти бы и нам, жена, да слепить себе бабу!

На Марью, видно, тоже нашёл весёлый час.

— Что ж, — говорит она, — пойдём разгуляемся на старости! Только на что тебе бабу лепить: будет

с тебя и меня одной. Слепим лучше себе дитя из снегу, коли Бог не дал живого!

— Что правда, то правда... — сказал Иван, взял шапку и пошёл в огород со старухою.

Они и вправду принялись лепить куклу из снегу: скатали туловище с ручками и ножками, наложили сверху круглый ком снегу и обгладили из него головку.

— Бог в помощь! — сказал кто-то, проходя мимо.

— Спасибо, благодарствуем! — отвечал Иван.

— Что ж это вы поделываете?

— Да вот, что видишь! — молвит Иван.

— Снегурочку... — промолвила Марья, засмеявшись.

Вот они вылепили носик, сделали две ямочки во лбу, и только что Иван прочертил ротик, как из него вдруг дохнуло тёплым духом. Иван второпях отнял руку, только смотрит — ямочки во лбу стали уж навыкате, и вот из них поглядывают голубенькие глазки, вот уж и губки как малиновые улыбаются.

— Что это? Не наваждение ли какое? — сказал Иван, кладя на себя крестное знамение.

А кукла наклоняет к нему головку, точно живая, и зашевелила ручками и ножками в снегу, словно грудное дитя в пелёнках.

— Ах, Иван, Иван! — вскричала Марья, задрожав от радости. — Это нам Господь дитя даёт! — и бро-

силась обнимать Снегурочку, а со Снегурочки весь снег отвалился, как скорлупа с яичка, и на руках у Марьи была уже в самом деле живая девочка.

— Ах ты, моя Снегурушка дорогая! — проговорила старуха, обнимая своё желанное и нежданное дитя, и побежала с ним в избу.

Иван насилу опомнился от такого чуда, а Марья была без памяти от радости.

И вот Снегурочка растёт не по дням, а по часам, и что день, то всё лучше. Иван и Марья не нарадуются на неё. И весело пошло у них в дому. Девки с села у них безвыходно: забавляют и убирают бабушкину дочку, словно куколку, разговаривают с нею, поют песни, играют с нею во всякие игры и научают её всему, как что у них ведётся. А Снегурочка такая смышлёная: всё примечает и перенимает.

И стала она за зиму точно девочка лет тринадцати: всё разумеет, обо всём говорит, и таким сладким голосом, что заслушаешься. И такая она добрая, послушная и ко всем приветливая. А собою она — беленькая как снег; глазки что незабудочки, светло-русая коса до пояса, одного румянцу нет вовсе, словно живой кровинки не было в теле... Да и без того она была такая пригожая и хорошая, что загляденье. А как, бывало, разыграется она, так такая утешная и приятная, что душа радуется! И все

не налюбуются Снегурочкой. Старушка же Марья души в ней не чает.

— Вот, Иван! — говаривала она мужу. — Даровал-таки нам Бог радость на старость! Миновалась-таки печаль моя задушевная!

А Иван говорил ей:

— Благодарение Господу! Здесь радость не вечна и печаль не бесконечна...

Прошла зима. Радостно заиграло на небе весеннее солнце и пригрело землю. На прогалинах зазеленела мурава, и запел жаворонок. Уже и красные девицы собрались в хоровод под селом и пропели:

— Весна-красна! На чём пришла, на чём приехала?..

— На сошечке, на бороночке!

А Снегурочка что-то заскучала.

— Что с тобою, дитя моё? — говорила не раз ей Марья, приголубливая её. — Не больна ли ты? Ты всё такая невесёлая, совсем с личика спала. Уж не сглазил ли тебя недобрый человек?

А Снегурочка отвечала ей всякий раз:

— Ничего, бабушка! Я здорова...

Вот и последний снег согнала весна своими красными днями. Зацвели сады и луга, запел соловей и всякая птица, и всё стало живей и веселее. А Снегурочка, сердечная, ещё сильней скучать стала, дичится подружек и прячется от солнца в тень, словно ландыш под деревцем. Ей только и любо было, что плескаться у студёного ключа под зелёною ивушкой.

Снегурочке всё бы тень да холодок, а то и лучше — частый дождичек. В дождик и сумрак она веселей становилась. А как один раз надвинулась серая туча да посыпала крупным градом, Снегурочка ему так обрадовалась, как иная не была бы рада и жемчугу перекатному. Когда ж опять припекло солнце и град взялся водою, Снегурочка поплакалась по нём так сильно, как будто сама хотела разлиться слезами, — как родная сестра плачется по брату.

Вот уж пришёл и весне конец; приспел Иванов день. Девки с села собрались на гулянье в рощу, зашли за Снегурочкой и пристали к бабушке Марье:

— Пусти да пусти с нами Снегурочку!

Марье не хотелось пускать её, не хотелось и Снегурочке идти с ними; да не могли отговориться. К тому же Марья подумала: авось разгуляется её Снегурушка! И она принарядила её, поцеловала и сказала:

— Поди же, дитя моё, повеселись с подружками! А вы, девки, смотрите берегите мою Снегурушку... Ведь она у меня, сами знаете, как порох в глазу!

— Хорошо, хорошо! — закричали они весело, подхватили Снегурочку и пошли гурьбою в рощу.

Там они вили себе венки, вязали пучки из цветов и распевали свои весёлые песни. Снегурочка была с ними безотлучно.

Когда закатилось солнце, девки наложили костёр из травы и мелкого хворосту, зажгли его и все в венках стали в ряд одна за другою; а Снегурочку поставили позади всех.

— Смотри же, — сказали они, — как мы побежим, и ты также беги следом за нами, не отставай!

И вот все, затянувши песню, поскакали через огонь.

Вдруг что-то позади их зашумело и простонало жалобно:

— Ау!

Оглянулись они в испуге: нет никого. Смотрят друг на дружку и не видят между собою Снегурочки.

— А, верно, спряталась, шалунья, — сказали они и разбежались искать её, но никак не могли найти. Кликали, аукали — она не отзывалась.

— Куда бы это девалась она? — говорили девки.

— Видно, домой убежала, — сказали они потом и пошли в село, но Снегурочки и в селе не было.

Искали её на другой день, искали на третий. Исходили всю рощу — кустик за кустик, дерево за дерево. Снегурочки всё не было, и след пропал. Долго Иван и Марья горевали и плакали из-за своей Снегурочки.

Долго ещё бедная старушка каждый день ходила в рощу искать её, и всё кликала она, словно кукушка горемычная:

— Ау, ау, Снегурушка! Ау, ау, голубушка!..

И не раз ей слышалось, будто голосом Снегурочки отзывалось: «Ау!» Снегурочки же всё нет как нет! Куда же девалась Снегурочка? Лютый ли зверь умчал её в дремучий лес, и не хищная птица ли унесла к синему морю?

Нет, не лютый зверь умчал её в дремучий лес и не хищная птица унесла её к синему морю; а когда Снегурочка побежала за подружками и вскочила в огонь, вдруг потянулась она вверх лёгким паром, свилась в тонкое облачко, растаяла… и полетела в высоту поднебесную.

ГУСИ-ЛЕБЕДИ

Жили старичок со старушкою; у них была дочка да сынок маленький.

— Дочка, дочка! — говорила мать. — Мы пойдём на работу, принесём тебе булочку, сошьём платьице, купим платочек; будь умна, береги братца, не ходи со двора.

Старшие ушли, а дочка забыла, что ей приказывали; посадила братца на травке под окошком, а сама побежала на улицу, заигралась, загулялась.

Налетели гуси-лебеди, подхватили мальчика, унесли на крылышках.

Пришла девочка, глядь — братца нету! Ахнула, кинулась туда-сюда — нету! Кликала, заливалась слезами, причитывала, что худо будет от отца и матери, — братец не откликнулся!

Выбежала в чистое поле; метнулись вдалеке гуси-лебеди и пропали за тёмным лесом.

Гуси-лебеди давно себе дурную славу нажили, много шкодили и маленьких детей крадывали; девочка угадала, что они унесли её братца, бросилась их догонять. Бежала, бежала, стоит печка.

— Печка, печка, скажи, куда гуси полетели?

— Съешь моего ржаного пирожка, — скажу.

— О, у моего батюшки пшеничные не едятся! Печь не сказала.

Побежала дальше, стоит яблонь.

— Яблонь, яблонь, скажи, куда гуси полетели?

— Съешь моего лесного яблока, — скажу.

— О, у моего батюшки и садовые не едятся!

Побежала дальше, стоит молочная речка, кисельные берега.

— Молочная речка, кисельные берега, куда гуси полетели?

— Съешь моего простого киселика с молоком, — скажу.

— О, у моего батюшки и сливочки не едятся!

И долго бы ей бегать по полям да бродить по лесу, да, к счастью, попался ёж; хотела она его толкнуть, побоялась наколоться и спрашивает:

— Ёжик, ёжик, не видал ли, куда гуси полетели?

— Вон туда-то! — указал.

Побежала — стоит избушка на курьих ножках, стоит-поворачивается. В избушке сидит баба-яга,

морда жилиная, нога глиняная; сидит и братец на лавочке, играет золотыми яблочками. Увидела его сестра, подкралась, схватила и унесла; а гуси за нею в погоню летят; нагонят злодеи, куда деваться?

Бежит молочная речка, кисельные берега.

— Речка-матушка, спрячь меня!

— Съешь моего киселика!

Нечего делать, съела. Речка её посадила под бережок, гуси пролетели.

Вышла она, сказала: «Спасибо!» — и опять бежит с братцем; а гуси воротились, летят навстречу. Что делать?

Беда! Стоит яблонь.

— Яблонь, яблонь-матушка, спрячь меня!

— Съешь моё лесное яблочко!

Поскорей съела. Яблонь её заслонила веточками, прикрыла листиками; гуси пролетели.

Вышла и опять бежит с братцем, а гуси увидели — да за ней; совсем налетают, уж крыльями бьют, того и гляди — из рук вырвут! К счастью, на дороге печка.

— Сударыня печка, спрячь меня!

— Съешь моего ржаного пирожка!

Девушка поскорей пирожок в рот, а сама в печь, села в устьецо. Гуси полетали-полетали, покричали-покричали и ни с чем улетели.

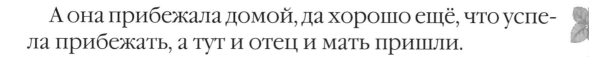

А она прибежала домой, да хорошо ещё, что успела прибежать, а тут и отец и мать пришли.

ДОЧЬ-СЕМИЛЕТКА

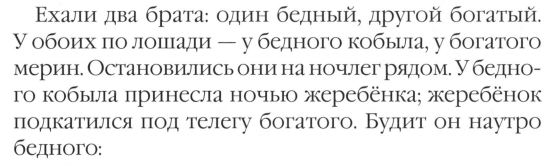

Ехали два брата: один бедный, другой богатый. У обоих по лошади — у бедного кобыла, у богатого мерин. Остановились они на ночлег рядом. У бедного кобыла принесла ночью жеребёнка; жеребёнок подкатился под телегу богатого. Будит он наутро бедного:

— Вставай, брат! У меня телега ночью жеребёнка родила.

Брат встаёт и говорит:

— Как можно, чтоб телега жеребёнка родила? Это моя кобыла принесла.

Богатый говорит:

— Кабы твоя кобыла принесла, жеребёнок бы подле неё был!

Поспорили они и пошли до начальства. Богатый дарил судей деньгами, а бедный словами оправдывался.

Дошло дело до самого царя. Велел он призвать обоих братьев и загадал им четыре загадки:

— Что всего на свете сильнее и быстрее? Что всего на свете жирнее? Что всего мягче? И что всего милее?

И положил им сроку три дня:

— На четвёртый приходите, ответ дайте!

Богатый подумал-подумал, вспомнил про свою куму и пошёл к ней совета просить.

Она посадила его за стол, стала угощать, а сама спрашивает:

— Что так печален, куманёк?

— Да загадал мне государь четыре загадки, а сроку всего три дня положил.

— Что такое, скажи мне.

— А вот что, кума! Первая загадка: что всего в свете сильнее и быстрее?

— Экая загадка! У моего мужа карая кобыла есть; нет её быстрее! Коли кнутом приударишь, зайца догонит.

— Вторая загадка: что всего на свете жирнее?

— У нас другой год рябой боров кормится; такой жирный стал, что на ноги не поднимается!

— Третья загадка: что всего в свете мягче?

— Известное дело — пуховик, уж мягче не выдумаешь!

— Четвёртая загадка: что всего на свете милее?

— Милее всего внучек Иванушка!

— Ну, спасибо тебе, кума! Научила уму-разуму, по век тебя не забуду.

А бедный брат залился горькими слезами и пошёл домой. Встречает его дочь-семилетка:

— О чём ты, батюшка, вздыхаешь да слёзы ронишь?

— Как же мне не вздыхать, как слёз не ронить? Задал мне царь четыре загадки, которые мне и в жизнь не разгадать.

— Скажи мне, какие загадки.

— А вот какие, дочка: что всего на свете сильнее и быстрее, что всего жирнее, что всего мягче и что всего милее?

— Ступай, батюшка, и скажи царю: сильнее и быстрее всего ветер, жирнее всего земля: что ни растёт, что ни живёт, земля питает! Мягче всего рука: на что человек ни ляжет, а всё руку под голову кладёт; а милее сна нет ничего на свете!

Пришли к царю оба брата — и богатый и бедный. Выслушал их царь и спрашивает бедного:

— Сам ли ты дошёл или кто тебя научил?

Отвечает бедный:

— Ваше царское величество! Есть у меня дочь-семилетка, она меня научила.

— Когда дочь твоя мудра, вот ей ниточка шелкова; пусть к утру соткёт мне полотенце узорчатое.

Мужик взял шелкову ниточку, приходит домой кручинный, печальный.

— Беда наша! — говорит дочери. — Царь приказал из этой ниточки соткать полотенце.

— Не кручинься, батюшка! — отвечала семилетка, отломила прутик от веника, подаёт отцу и наказывает: — Поди к царю, скажи, чтоб нашёл того мастера, который бы сделал из этого прутика кросна: было бы на чём полотенце ткать!

Мужик доложил про то царю. Царь даёт ему полтораста яиц.

— Отдай, — говорит, — своей дочери; пусть к завтрему выведет мне полтораста цыплят.

Воротился мужик домой ещё кручиннее, ещё печальнее:

— Ах, дочка! От одной беды увернёшься — другая навяжется!

— Не кручинься, батюшка! — отвечала семилетка.

Попекла яйца и припрятала к обеду да к ужину, а отца посылает к царю:

— Скажи ему, что цыплятам на корм нужно одноденное пшено: в один бы день было поле вспахано, да просо засеяно, сжато и обмолочено. Другого пшена наши цыплята и клевать не станут.

Царь выслушал и говорит:

— Когда дочь твоя мудра, пусть наутро сама ко мне явится — ни пешком, ни на лошади, ни голая, ни одетая, ни с гостинцем, ни без подарочка.

«Ну, — думает мужик, — такой хитрой задачи и дочь не разрешит; пришло совсем пропадать!»

— Не кручинься, батюшка! — сказала ему дочь-семилетка. — Ступай-ка к охотникам да купи мне живого зайца да живую перепёлку.

Отец пошёл и купил ей зайца и перепёлку.

На другой день поутру сбросила семилетка всю одежду, надела на себя сетку, в руки взяла перепёлку, села верхом на зайца и поехала во дворец.

Царь её у ворот встречает. Поклонилась она царю.

— Вот тебе, государь, подарочек! — и подаёт ему перепёлку.

Царь протянул было руку, перепёлка порх — и улетела!

— Хорошо, — говорит царь, — как приказал, так и сделано. Скажи мне теперь: ведь твой отец беден, чем вы кормитесь?

— Отец мой на сухом берегу рыбу ловит, ловушек в воду не ставит, а я подолом рыбу ношу да уху варю.

— Что ты, глупая, когда рыба на сухом берегу живёт? Рыба в воде плавает!

— А ты умён? Когда видано, чтобы телега жеребёнка принесла?

Царь присудил отдать жеребёнка бедному мужику, а дочь его взял к себе. Когда семилетка выросла, он женился на ней, и стала она царицею.

Содержание

Литературно-художественное издание
Для дошкольного и младшего школьного возраста

РУССКИЕ НАРОДНЫЕ СКАЗКИ ДЛЯ САМЫХ МАЛЕНЬКИХ

Ответственный за выпуск Е. А. НЕВОЛИНА
Технический редактор А. Т. ДОБРЫНИНА
Корректор Л. А. ЛАЗАРЕВА

*Издание подготовлено
компьютерным центром издательства «РОСМЭН».*

Подписано к печати 29.10.07.
Формат 60×90 ¹/₈. Бумага Classik.
Печать офсетная. Усл. печ. л. 18,0.
Доп. тираж 20 000 экз. Заказ № 0729530.

ЗАО «РОСМЭН-ПРЕСС».
Почтовый адрес:
125124, Москва, а/я 62. Тел.: (495) 933-71-30.
Юридический адрес:
129301, Москва, ул. Бориса Галушкина, д. 23, стр. 1.

*Наши клиенты и оптовые покупатели могут оформить заказ,
получить опережающую информацию о планах выхода изданий
и перспективных проектах в Интернете по адресу: www.rosman.ru*

ОТДЕЛ ОПТОВЫХ ПРОДАЖ:
все города России, СНГ: (495) 933-70-73;
Москва и Московская область: (495) 933-70-75.

Отпечатано в полном соответствии с качеством
предоставленного электронного оригинал-макета
в ОАО «Ярославский полиграфкомбинат»
150049, Ярославль, ул. Свободы, 97

Русские народные сказки для самых маленьких. —
Р82 М.: ЗАО «РОСМЭН-ПРЕСС», 2008. — 144 с.: ил.

В книгу входят самые любимые детские сказки — «Теремок», «Репка», «Снегурочка» и другие.

ISBN 978-5-353-02559-7

УДК 82-1-93
ББК 84(2Рос=Рус)-5